अध्याय-सूची

हरेम्बा 2

गणेश 4

गणेश और बिल्ली 5

गणेश और कुबेर 6

गणेश और चाँद 8

एकदंत 9

गणेश और रावण 10

कावेरी नदी 12

भगवान गणेश का विवाह 14

गणेश ने महाभारत लिखी 16

हरेम्बा

एक दिन स्नान पर जाने से पहले माता पार्वती ने नंदी को कैलाश पर्वत पर स्थित द्वार की रक्षा करने के लिए कहा। जल्द ही वहाँ भगवान शंकर आए और नंदी को द्वार से हट जाने की आज्ञा दी। अपने परम स्वामी की अवज्ञा करने में असमर्थ नंदी ने तुरंत भगवान शिव को महल में प्रवेश करने की अनुमति दे दी। देवी पार्वती नंदी के इस व्यवहार से आहत और क्रोधित हुईं।

देवी पार्वती ने अपने शरीर से हल्दी का लेप निकालकर उससे एक लड़का बनाया। उसके बाद उन्होंने मूर्ति में प्राण फूंक दिए। जब बालक ने अपनी आँखें खोली तो देवी पार्वती उससे बोली, "तुम मेरे पुत्र हरेम्बा हो। मैं तुम्हारी माता हूँ और अब से तुम मेरी हर आज्ञा मानोगे।"

उसके बाद उन्होंने हरेम्बा को महल के द्वार पर पहरा देने को और किसी को भी अंदर न आने देने के लिए कहा। जल्द ही भगवान शिव वहाँ आए। हरेम्बा ने उन्हें रोका और महल में प्रवेश नहीं करने दिया। भगवान शिव हरेम्बा से क्रोधित हुए और उन्होंने नंदी को अभिमानी बालक से निपटने के लिए कहा। हरेम्बा ने नंदी के साथ-साथ अन्य सभी गणों को भी पराजित कर दिया।

भगवान शिव के क्रोध से घबराकर सभी देवतागण उन्हें शांत करने आए। उन सभी ने भगवान शिव को आश्वासन दिया कि वे हरेम्बा को समझाएगे। उधर हरेम्बा किसी की कोई भी बात सुनने को तैयार नहीं था। इंद्र और दूसरे देवों ने बालक पर हमला किया, परंतु सभी पराजित हो गए। ये देखकर भगवान शिव ने अपने पुत्र कार्तिकेय को हरेम्बा से लड़ने भेजा। कार्तिकेय अपने भाई से लड़ना नहीं चाहते थे, परंतु पिता की अवज्ञा नहीं कर सकते थे। कार्तिकेय ने हरेम्बा को द्वंद्व के लिए ललकारा। बहुत लंबे समय तक लड़ते रहने के बाद हरेम्बा ने कार्तिकेय को पराजित कर दिया।

अपने पुत्र की ऐसी अवस्था देखकर भगवान शिव का क्रोध चरम सीमा पर पहुँच गया। वे महल गए और अपने त्रिशुल के प्रहार से हरेम्बा का सिर धड़ से अलग कर दिया।

गणेश

सभी देवतागण भगवान शिव के पास पहुँचे और उनसे ब्रह्मांड के विनाश को रोकने के लिए कहा। भगवान शिव ने देवताओं को आश्वासन दिया कि वे इस संकट का समाधान करेंगे। उन्होंने भगवान विष्णु से किसी मृत्त जानवर का सिर लाने के लिए कहा।

भगवान विष्णु एक हाथी के बच्चे का सिर लेकर आए। भगवान शिव ने महामृत्युंजय मंत्र का जाप करके उस सिर को हरेम्बा के शरीर से जोड़ दिया और हरेम्बा पुनर्जीवित हो गया।

फिर भगवान शिव ने बालक को आशीर्वाद देते हुए कहा, "आज के बाद तुम गणेश के नाम से जाने जाओगे; सभी गणों में श्रेष्ठ। लोग किसी भी शुभ कार्य को प्रारंभ करने से पहले तुम्हारी पूजा करेंगे। तुम ज्ञान और बुद्धि के देवता के रूप में जाने जाओगे।"

गणेश ने अपने पिता को नतमस्तक होकर प्रणाम किया। माता पार्वती पुत्र को प्राप्त आर्शीवाद से खुश हुईं। भगवान शिव, माता पार्वती और गणेश अपने घर की तरफ प्रस्थान कर गए।

गणेश और बिल्ली

एक दिन गणेश अपने दोस्तों के साथ खेल रहे थे। उन्होंने वहाँ एक बिल्ली को देखा और उसके पास जाकर उसे पूंछ से पकड़ लिया। वे तब तक उसे परेशान करते रहे जब तक वह दर्द से कराहने नहीं लगी। स्वयं को आजाद करने की कोशिश में बिल्ली नीचे गिर गई। गणेश ने दुबारा उसे पकड़ने की कोशिश की, परंतु वह बचकर भाग गई। गणेश वापस घर चला गया।

जब गणेश घर पहुँचे तो माता पार्वती से बोले, "माता, मुझे भूख लगी है।"

जब माता पार्वती खाना लेकर आईं तो गणेश ने उनके शरीर पर चोट के निशान देखे। घबराकर गणेश ने उनसे पूछा, "माता आपको चोट किसने पहुँचाई?"

माता पार्वती ने जवाब दिया, "मुझे तुमने घायल किया है पुत्र! मैं बिल्ली का रूप लेकर तुम्हारे साथ खेलने आई थी।"

गणेश अपने व्यवहार पर शर्मिंदा थे। उन्होंने वचन दिया कि अब वे किसी निर्दोष जीव को हानि नहीं पहुँचाएगे।

गणेश और कुबेर

कुबेर, धन और ऐश्वर्य के देवता थे। उन्हें अपने धन का बहुत अभिमान था। कुबेर ने एक आलिशान महल बनवाया और अपने नए महल में भोज का आयोजन किया। उसने कई ऋषियों और देवताओं को आमंत्रित किया। आखिर में वे भगवान शिव को आमंत्रित करने कैलाश पर्वत गए।

भगवान शिव कुबेर की मनसा से पहले ही अवगत थे। उन्होंने कुबेर से कहा, "मैं भोज में नहीं आ पाऊँगा, परंतु आप मेरे पुत्र गणेश को ले जाइए। गणेश को स्वादिष्ट भोजन खाना बहुत पसंद है।"

कुबेर ने कहा, "आप चिंता न करें प्रभु गणेश को ये भोज ताउम्र याद रहेगा।"

भगवान गणेश कुबेर के महल पहुँचे। उन्होंने देखा कि कुबेर अपने मेहमानों के आगे अपने धन का बखान कर रहे हैं। उन्होंने कुबेर को नम्रता का पाठ सिखाने की सोची। जल्द ही भोजन परोसा गया। गणेश खुद को परोसा गया सारा खाना खा गए। फिर उन्होंने और भोजन माँगा। कुबेर ने सेवक को और भोजन लाने के लिए कहा।

गणेश बार-बार खाना खत्म करके और भोजन माँगते। सेवकों ने कुबेर के पास जाकर बोला, "प्रभु, भगवान गणेश सारा खाना खा गए। बाकि मेहमानों को खिलाने के लिए रसोई में कुछ नहीं बचा है।"

गणेश बर्तन भी खाने लगे। फिर कुबेर को चेतावनी देते हुए बोले, "अगर आपने मुझे भोजन नहीं परोसा तो मैं आपको भी खा जाऊँगा।" डरते हुए कुबेर सीधे भगवान शिव के पास गए। उनसे अपने बर्ताव के लिए माफी मांगते हुए गणेश की भूख को शांत करने का उपाय पूछा।

भगवान शिव बोले, "गणेश को प्रेम और नम्रता के साथ एक कटोरी चावल परोसो।"

अपने महल जाकर कुबेर ने वैसा ही किया जैसा भगवान शिव ने कहा था। चावल खाकर गणेश बोले, "मेरा पेट भर गया। मैं अब और नहीं खाऊँगा।"

कुबेर ने विन्रम होकर सबसे अपने व्यवहार के लिए माफी माँगी। उन्होंने ये वादा किया कि अब वे अपने धन का बखान नहीं करेंगे।

गणेश और चाँद

कुबेर के महल से गणेश वापस आ रहे थे। इतना खाने के कारण उनका वजन बढ़ गया था जिसकी वजह से उनका वाहन चूहा उनका वजन नहीं उठा पा रहा था। चूहा अपना संतुलन खो बैठा और गणेश नीचे गिर गए।

इसे देखकर चाँद देवता जोर से हंसे और भगवान गणेश का मजाक उड़ाते हुए कहा, "बेचारा चूहा! वजनदार बच्चे का बोझ नहीं उठा पाया।"

गणेश अपमानित महसूस कर रहे थे। उन्होंने चांद देवता को श्राप देते हुए कहा, "आपने मेरी विकृति का मजाक उड़ाया है और इसलिए आप भी अपनी चमक खो देंगे अदृश्य हो जाएँगे।"

अपनी गलती का एहसास होते ही भगवान गणेश से चंद्र देव ने माफी माँगी। गणेश चंद्र देव से बोले, "मैं अपना श्राप बदल तो नहीं सकता, परंतु उसका असर कम जरूर कर सकता हूँ। आप धीरे-धीरे महीने में एक दिन के लिए अदृश्य हो जाएंगे फिर धीरे-धीरे फिर से अपनी चमक वापस पा लेंगे।"

उस दिन के बाद से चंद्र देव हर अमावस्या पर गायब हो जाता है और पूर्णिमा पर अपनी पूरी चमक हासिल कर लेता है।

एकदंत

एक दिन भगवान शिव एकांत में ध्यान लगाना चाहते थे। उन्होंने अपने बेटे गणेश को कहा कि किसी को उनके पास आने न दें। तभी साधु परशुराम कैलाश पर भगवान शिव से मिलने आए ताकि वे परशु नामक हथियार देने के लिए उन्हें धन्यवाद दे सके।

परशु की वजह से वे कई राक्षसों पर विजय पा सकें।

परंतु गणेश ने कैलाश पर उनका रास्ता रोका और कहा, "पिताजी ध्यान में लीन हैं। वे इस वक्त किसी से नहीं मिलना चाहते।"

यह सुनते ही परशुराम को गुस्सा आ गया। जल्द ही उन दोनों के बीच द्वंद्व शुरू हो गया। लंबी लड़ाई के बाद परशुराम ने परशु से गणेश पर प्रहार कर दिया। परशु अस्त्र भगवान शिव का था, इसलिए उसका मान रखने के लिए गणेश ने वह प्रहार अपने बाए दांत पर ले लिया। अस्त्र से गणेश का दांत टूट गया और वे दर्द से कराहते हुए जमीन पर गिर गए।

उनकी आवाज सुनकर माता पार्वती वहाँ आईं और परशुराम पर क्रोधित हुईं। अपनी गलती का एहसास होते ही परशुराम ने माता पार्वती और भगवान शिव से क्षमा याचना की। फिर उन्होंने बालक गणेश को आशीर्वाद दिया और एक नया नाम दिया–"एकदंत"।

गणेश और रावण

स्वर्ण नगरी लंका का राजा रावण भगवान शिव का भक्त था। रावण राक्षस जाति का राजा था। भगवान शिव को प्रसन्न करने के लिए रावण ने घोर तपस्या की। एक दिन वह कैलाश पर्वत आया और भगवान शिव से प्रार्थना किया, "प्रभु मुझे ऐसा आशीर्वाद दीजिए कि मेरी सोने की लंका को कोई नष्ट न कर पाए।"

उसकी भक्ति और तपस्या से प्रसन्न होकर भगवान शिव ने रावण को एक शिवलिंग दिया और कहा, "इस शिवलिंग को लंका में स्थापित कर दो और कोई भी तुम्हारी लंका नष्ट नहीं कर पाएगा। परंतु लंका पहुँचने से पहले इसे जमीन पर मत रखना।"

रावण इस बात से सहमत हो गया और शिवलिंग को अपने हाथों में लेकर लंका के लिए निकल पड़ा।

स्वर्ग के देवों को आभास हुआ कि लिंग के कारण रावण की शक्ति एवं अत्याचार और भी बढ़ जाएँगे। वे सभी भगवान गणेश के पास गए और उनसे मदद माँगी।

भगवान गणेश ने रावण के पेट में खूब सारा पानी भर दिया। रावण को अपनी यात्रा के दौरान महसूस हुआ कि उसे शौचालय जाना है। उसी वक्त गणेश एक स्थानीय बालक का रूप लेकर वहाँ आए।

रावण ने बालक को बुलाकर कहा, "मुझे अभी नहाना है, तब तक तुम इस शिवलिंग को पकड़ो और इसे जमीन पर मत रखना।"

बालक बोला, "मैं इसे ज्यादा देर नहीं पकड़ सकता। जब मेरे हाथ थक जाएगे तब मैं तीन बार आपको आवाज दूँगा। अगर आप नहीं आए तो मैं शिवलिंग को जमीन पर रख दूँगा।"

रावण बालक की बात मान गया और लिंग उसे दे दिया। योजना के अनुसार रावण के जाते ही बालक रूपी गणेश ने तीन बार रावण का नाम पुकारा और शिवलिंग को जमीन पर रख दिया। इसके बाद भगवान गणेश अंतर्ध्यान हो गए।

जब रावण वापस आया तो उसे बहुत गुस्सा आया। शिवलिंग को उठाने की उसकी कोशिश बेकार हो गई। उसी स्थान पर एक मंदिर स्थापित हुआ जिसका नाम "महाबलेश्वर" है।

कावेरी नदी

प्राचीन काल से दक्षिण भारत में कोई बड़ी नदी नहीं थी। छोटी नदियाँ गर्मियों के मौसम में पूरी तरह सुख जाती थी। जिसकी वजह से मनुष्य और अन्य जीव-जंतु पीड़ित होते थे। उनकी परेशानी को देखते हुए अगस्त्य ऋषि भगवान शिव के पास गए और उनसे मदद माँगी।

भगवान शिव ने उनके कमंडल में थोड़ा-सा गंगा जल डाला और कहा, "आदरणीय अगस्त्य ऋषि, कृपया इस जल को अपने साथ ले जाएँ। आप इस जल को जहाँ गिराएगे वहाँ से एक बड़ी नदी बहनी शुरू हो जाएगी।"

भगवान शिव को धन्यवाद देकर ऋषि अगस्त्य कैलाश से चल दिए। रास्ते में वे कूर्ग पर्वत पर विश्राम करने के लिए रूके। उन्होंने देखा कि गणेश अपने चूहे के साथ खेल रहे हैं। अगस्त्य ऋषि ने अपना कमंडल गणेश को देते हुए कहा, "मुझे थोड़े विश्राम की आवश्यकता है, आप मेरे कमंडल को कुछ देर पकड़ लेंगे?" गणेश ऋषि की मदद करने के लिए मान गए।

ऋषि एक चट्टान पर ध्यान मग्न हो गए। वे जल्द ही गहरे ध्यान में चले गए। गणेश इंतजार करते-करते थक गए। उन्होंने आस-पास देखा। हर तरफ भयंकर सूखा पड़ा हुआ था। वर्षा न होने के कारण जमीन पर दरारे पड़ गई थी। सभी जीव बेहाल थे।

गणेश ने अगस्त्य ऋषि का कमंडल उनके बगल में रख दिया। फिर उन्होंने खुद को कौवे के रूप में बदला और कमंडल पर चोंच मार दिया। कमंडल का पानी गिर गया। जल्द ही पानी की एक पतली धार, धारा बन गई और फिर एक बड़ी-सी नदी वहाँ से बहने लगी।

पानी की आवाज से अगस्त्य ऋषि की आँख खुल गई। गणेश उनसे माफी मांगते हुए बोले, "मुझे माफ करिएगा, मैंने आपके कमंडल का पानी गिरा दिया। मुझे लगा नदी बहने के लिए ये अच्छा स्थान है।"

ऋषि बोले, "माफी माँगने की कोई जरूरत नहीं गणेश। आपने इस सूखी जमीन को फर से हरा-भरा कर दिया। मैं इस नदी का नाम कावेरी रखता हूँ।"

भगवान गणेश का विवाह

एक दिन माता पार्वती और भगवान शिव ने अपने दोनों बेटों गणेश और कार्तिकेय को बुलाकर कहा, "प्यारे बेटों, तुम दोनों अब विवाह योग्य हो गए हो। हम तुम दोनों को समान प्यार करते हैं, इसलिए यह निर्णय नहीं कर पा रहे थे कि किसका विवाह पहले करें! हमने यह फैसला किया कि तुम दोनों के बीच एक प्रतियोगिता होगी और जो जीतेगा उसका विवाह पहले करेंगे। प्रतियोगिता यह है कि आप दोनों को ब्रह्मांड के सात चक्कर लगाने हैं और जो पहले यह कार्य कर लेगा उसका विवाह पहले होगा।"

भगवान गणेश और भगवान कार्तिकेय अपने माता-पिता की बात मान गए। भगवान कार्तिकेय अपने मोर पर सवार होकर ब्रह्मांड की परिक्रमा के लिए निकल गए। भगवान गणेश जानते थे कि वे अपने वाहन चूहे पर बैठकर अपने भाई कार्तिकेय को नहीं हरा पाएँगे। उन्होंने अपने हाथ जोड़े और चूहे पर बैठकर अपने माता-पिता की सात बार परिक्रमा की।

चिंतित होकर माता पार्वती गणेश भगवान से बोली, "देखे आपका भाई ब्रह्मांड परिक्रमा के लिए निकल गए हैं! आप क्यों नहीं जाते?"

गणेश ने मुस्कराकर जवाब दिया, "मैं प्रतियोगिता जीत गया माता। अब आप मेरे विवाह की तैयारियाँ कीजिए।"

माता पार्वती ने गणेश से सवाल किया, "आपने अभी प्रतियोगिता प्रारंभ ही नहीं की, फिर आप जीत कैसे गए?"

भगवान गणेश ने मुस्कराते हुए जवाब दिया, "वेदों में लिखा है कि माता-पिता संतान का ब्रह्मांड होते हैं और मैंने आप दोनों की सात बार परिक्रमा कर ली है।"

भगवान शिव और माता पार्वती प्रसन्न हो गए और उन्होंने गणेश को प्रतियोगिता का विजेता घोषित किया।

जल्द ही उनकी शादी प्रजापति विश्वकर्मा की पुत्रियों रिद्धि-सिद्धि से हुई। उनके विवाह का शानदार उत्सव हुआ जिसमें सभी देवतागण और ऋषि-मुनि आए।

जब कार्तिकेय वापस आए तो ये देखकर हैरान हुए कि गणेश का विवाह हो गया है। अपने भाई के लिए वे काफी खुश हुए। हालांकि उनको लगा कि प्रतियोगिता गणेश ने नहीं उन्होंने जीती है। कार्तिकेय ने अविवाहित रहने का फैसला किया और क्रौंच पर्वत पर जाकर बस गए।

गणेश ने महाभारत लिखी

वेद व्यास ऋषि ने महाभारत लिखने की सोची। उन्हें कोई ऐसा चाहिए था जो उनके कहे श्लोकों को लिख सके। वे भगवान गणेश के पास गए और उनसे मदद माँगी।

भगवान गणेश उनकी मदद करने के लिए तैयार हो गए, परंतु उन्होंने एक शर्त रखी। वे वेद व्यास से बोले, "मैं महाभारत तभी लिखुंगा जब आप लगातार बिना रूके श्लोक बोलेंगे। अगर आप बीच में रूके तो मैं उसी वक्त लिखना छोड़कर अपने निवास स्थान आ जाऊँगा।"

वेद व्यास ने बोला, "मैं आपकी शर्त मानता हूँ, परंतु आपको भी मेरी एक बात माननी होगी। आप श्लोक तभी लिखेंगे जब आपको वह पूरी तरह समझ आ जाए।"

भगवान गणेश ने ऋषि वेद व्यास की बात मान ली। ऋषि वेद व्यास को जब भी आराम चाहिए होता था वे कठिन श्लोक बोलते थे ताकि भगवान गणेश को उसे समझने में वक्त लगे। आखिर महाभारत की कथा पूर्ण हुई। वेद व्यास ने भगवान गणेश को उनके सहयोग के लिए धन्यवाद दिया। भगवान गणेश वापस अपने निवास स्थान चले गए।